Diabetes mit Genuss – Das Diabetiker Kochbuch

365 Tage Die besten Diabetes Rezepte für ernährungsbewusste Menschen. So bekommen Sie Blutzucker, Übergewicht und Cholesterin in den Griff. Inklusive ... Einkaufslisten für Anfänger

Tom Braun

Table of Contents

Einleitung

Diabetes ist auf dem besten Weg, nicht nur in Deutschland, sondern auch weltweit in den Industrieländern zur Volkskrankheit Nummer eins zu werden. Laut SWR Landesschau vom 14.11.2017 sind weltweit 422 Millionen Menschen an Diabetes erkrankt.

Hier sind die alarmierenden Zahlen für Deutschland: Während auf der Webseite https://menschen-mit-diabetes am 05. März 2013 noch von 6 Millionen Menschen in Deutschland die Rede ist, die an Diabetes mellitus erkrankt sind, geht die Apotheken Umschau vom 01. Januar 2018 bereits von mehr als 7 Millionen Menschen aus. Bei dieser Angabe wurden allerdings nur die gesetzlich Versicherten berücksichtigt.

Was genau ist Diabetes mellitus?

Diabetes mellitus, oft umgangssprachlich auch „Zucker" oder „Zuckerkrankheit" genannt, ist eine chronische Stoffwechselerkrankung, die zu dauerhaft hohen Blutzuckerwerten führt.

Unbehandelt kann Diabetes schlimme Folgen haben. Es kann zu Schäden an Gefäßen und Nerven kommen. Außerdem können sowohl das Herz und das Gehirn als auch Augen und Nieren beeinträchtigt werden. Auch an den Füßen kann es zu Problemen kommen.

Die bekanntesten Formen von Diabetes mellitus sind Typ-1 und Typ-2-Diabetes.

Typ-1-Diabetes betrifft oft schon Kinder oder Jugendliche.

Die Ursache der Erkrankung ist meist eine Fehlreaktion des Immunsystems, die zur Folge hat, dass die Beta-Zellen der Bauchspeicheldrüse zerstört sind, die dadurch kein Insulin mehr produzieren können. Daraus resultiert ein absoluter Insulinmangel. Durch diesen Insulinmangel steigt der Blutzuckerspiegel und die Betroffenen müssen sich ihr Leben lang das fehlende Insulin spritzen. Von 100 Menschen, die an Diabetes erkrankt sind, haben etwa 5 bis 10 den Typ-1-Diabetes.

Anders liegt der Fall beim **Typ-2-Diabetes.**

Hier sind circa 90 von 100 Menschen betroffen, die an Diabetes erkrankt sind. Viele dieser Patienten sind übergewichtig und der Typ-2-Diabetes tritt meist erst im Erwachsenenalter auf.

Ursache des Typ-2-Diabetes sind zwei Störungen, die oft auch zusammen auftreten können:

- das Insulin kann seine volle Wirkung nicht entfalten
- es besteht Insulinmangel, weil die Bauchspeicheldrüse zu wenig Insulin ausschüttet

Typ-2-Diabetes entwickelt sich in den meisten Fällen langsam und verursacht zunächst keine Beschwerden und bleibt deshalb oft lange unentdeckt. Aber es gibt Anzeichen, die auf die Erkrankung hindeuten können: starker Harndrang, Müdigkeit, Leistungs-, Antriebs- und Konzentrationsschwächen. Falls Sie diese Anzeichen bei sich beobachten, sorgt ein Arztbesuch für schnelle Klarheit, ob Sie an Typ-2-Diabetes erkrankt sind.

Typ-2-Diabetes liegt vor, wenn eines der folgenden Kriterien erfüllt ist:

Blutzucker nüchtern: Größer oder gleich 126 /dl (7mmol/l)

Zu beliebiger Zeit: Größer oder gleich 200mg/dl (11,1mmol/l)

Langzeitblutzucker (HbA 1c): Größer oder gleich 6,5 Prozent (48 mmol/l)

(Quelle: Apotheken Umschau 01. Januar 2018)

Doch wer an Typ-2-Diabetes erkrankt ist, braucht keine spezielle Diät mehr einzuhalten, sondern sollte nur darauf achten, dass er sich gesund und ausgewogen ernährt. Die Zeiten, in denen es für Diabetiker geeignete Kekse im Supermarkt zu kaufen gab, die oft nach wenig oder gar nichts geschmeckt haben, sind zum Glück vorbei.

Das ist auch in der **Patienten-Leitlinie zur Nationalen Versorgungs-Leitlinie** nachzulesen:

„Das bedeutet für Sie: Strenge Ernährungsvorschriften und Diäten bei Diabetes gibt es nicht. Spezielle Diabetiker-Produkte oder Diät-Lebensmittel brauchen Sie ebenfalls nicht. Seit einigen Jahren werden diese Lebensmittel aus dem Handel genommen und dürfen nicht mehr mit der speziellen Bezeichnung „zur besonderen Ernährung bei Diabetes mellitus im Rahmen eines Diätplanes" deklariert werden.

Generell gelten heute für Menschen mit Typ-2-Diabetes die gleichen Empfehlungen für eine vollwertige Kost wie für Menschen ohne Diabetes. Kurzum, Sie können fast alles essen, wenn Sie die Regeln für eine ausgewogene und genussvolle Ernährung beachten und wissen, welche Lebensmittel leicht verwertbare Kohlenhydrate haben und den Blutzucker beeinflussen."

Wie kann Typ-2-Diabetes behandelt werden?

Die Patienten-Leitlinie zur Nationalen Versorgungs-Leitlinie gibt zur Behandlung des Typ-2-Diabetes folgende Empfehlung**:**

„Stufe 1: An erster Stelle steht die sogenannte Basistherapie. Dabei geht es darum, den Lebensstil zu ändern, um die Blutzuckerwerte und andere Gefäßrisiken zu verbessern. Zur Basistherapie gehören: Schulung, Ernährungstherapie, Steigerung der körperlichen Aktivität und Raucherentwöhnung.

Stufe 2: Erst wenn vereinbarte Therapieziele nach drei bis sechs Monaten nicht erreicht wurden, sollten Ärztinnen und Ärzte zusätzlich eine blutzuckersenkende Tablette verschreiben, ein sogenanntes orales Antidiabetikum (...)"

Das bedeutet für Sie, dass eine Umstellung auf gesunde und ausgewogene Ernährung sehr viel dazu beitragen kann, die Krankheit zu bekämpfen oder sie gar nicht erst entstehen zu lassen, wenn Sie zu der Risikogruppe gehören.

Denn Übergewicht, Bewegungsmangel und ungesunde Ernährung tragen wesentlich dazu bei, um am Typ-2-Diabetes zu erkranken.

Wenn Sie am Typ-2-Diabetes erkrankt sind, ist der sogenannte Langzeitblutzuckerwert HbA1c-Wert für Sie von großer Bedeutung.

Der Langzeitblutzuckerwert HbA1c-Wert

Dieser Wert zeigt an, ob eine Therapie langfristig wirkt. Ein Wert von 6,5% bis 7,5% (48 bis 58 mmol/mol) soll angestrebt werden. Für den HbA1c-Wert gibt es kein festes Ziel.

Der Wert von 6,5% bis 7,5% (48 bis 58 mmol/mol) ist nicht in Stein gemeißelt, sondern kann in Absprache mit Ihrem behandelnden Arzt nach Ihren eigenen Lebensumständen individuell festgelegt werden.

Risikofaktoren, um an Typ-2-Diabetes zu erkranken

Größter Risikofaktor, um an Typ-2-Diabetes zu erkranken, ist Übergewicht. Wobei es aber nicht nur auf das Gewicht allein ankommt, sondern auch darauf, wo das Fett sitzt. Falls es sich um die Bauchgegend handelt, ist das Risiko am größten.

Folgende Grenzwerte für den Taillenumfang werden von Experten empfohlen:

Weniger als 88 cm für Frauen, wobei weniger als 80 cm noch besser ist.
Weniger als 102 cm für Männer, wobei weniger als 94 cm ideal ist.

Gemessen werden sollte nach dem Ausatmen und knapp oberhalb des Bauchnabels. Der Bauch darf bei der Messung natürlich nicht eingezogen werden.

(Quelle: Apotheken Umschau 01. Januar 2018)

Abbau von Übergewicht

Übergewicht können Sie durch regelmäßigen Sport abbauen. Doch keine Angst, niemand erwartet, dass Sie für den Marathon-Lauf trainieren. Ganz im Gegenteil.

Wenn Sie bislang ein Bewegungsmuffel gewesen sind, sollten sie mit kleinen Schritten anfangen. Und damit sind tatsächlich Schritte gemeint.

So wird in der Apothekenumschau vom 1. Januar 2018 der Präventionsexperte Peter Schwarz zitiert, der 10.000 Schritte täglich empfiehlt. Und wer nicht hochgradig diabetesgefährdet ist, kann sich auch auf 8000 Schritte täglich beschränken. Zum Vergleich: ein Büroangestellter legt Schätzungen zufolge nur rund 3000 Schritte täglich zurück.

Wenn Sie bereits an Diabetes erkrankt sind, sollten Sie sportliche Aktivitäten mit Ihrem behandelnden Arzt absprechen. Das gilt umso mehr, wenn zusätzlich noch eine Herz-Kreislauf-Erkrankung vorliegt.

Doch Achtung, bei sportlichen Aktivitäten kann es zu einer Unterzuckerung kommen!

Als Unterzuckerung bezeichnet man ein starkes Absinken des Blutzuckerspiegels. Symptome hierfür sind laut Patienten-Leitlinie zur Nationalen Versorgungs-Leitlinie folgende: Heißhunger, Blässe, Nervosität, Schwitzen, Zittern, Herzrasen, Bluthochdruck, Kopfschmerzen, Verstimmung, Reizbarkeit, Aggressivität, Konzentrationsschwäche, Koordinationsstörungen, Verwirrtheit, unwillkürliche Bewegungen und Gesichtsausdrücke, wie Grimassenschneiden, Greifen oder Schmatzen, Sehstörungen, Sprachstörungen, Schläfrigkeit.

Die Unterzuckerung kann auch erst Stunden nach der körperlichen Belastung auftreten. Deshalb sollten Sie für den Notfall immer etwas Traubenzucker dabeihaben.

Und da Sport in einer Gruppe oft mehr Spaß macht als alleine, können Sie unter www.diabetes-sport.de nach einer Diabetiker-Sportgruppe in Ihrer Umgebung suchen. Eine Gruppe könnte gerade den Sportmuffeln, denen es schwerfällt, den inneren Schweinehund zu besiegen, um zum Training zu gehen, dabei helfen, sportlich aktiv zu werden.

Gesunde Ernährung

Ein weiterer wichtiger Punkt im Kampf gegen den Typ-2-Diabetes ist eine gesunde und ausgewogene Ernährung.

Sofortmaßnahmen

Beim Speiseplan für Diabetiker gibt es einige Risikofaktoren, die sich leicht und vor allem schnell in den Griff bekommen lassen.

Da Sie alles vermeiden sollten, was schnell viel Zucker in Ihr Blut bringt, ist ein Verzicht auf stark zuckerhaltige Limonaden und natürlich auch auf Cola angesagt. Wenn Sie in den ersten Tagen unter dem Verzicht leiden sollten, wird sich das sehr schnell ändern, wenn Sie feststellen, wie lecker auch ungezuckerter Tee schmecken kann.

Dasselbe Prinzip gilt auch für Fruchtsäfte. Sie müssen nicht pur genossen werden, auch eine Schorle aus Wasser und Fruchtsaft ist sehr schmackhaft.

Ebenfalls Vorsicht ist angesagt bei Fertigprodukten.

Denn Zucker steckt nicht nur in Kuchen und Süßigkeiten, sondern auch in vielen Fertigprodukten von der Pizza bis zum Geschnetzelten.

Auf der sicheren Seite sind Sie hier, wenn Sie selbst kochen. Dann wissen Sie ganz genau, welche Zutaten Sie verwendet haben und es erspart Ihnen das mühsame Studieren der Inhaltsstoffe von Fertiggerichten auf der Suche nach versteckten Zuckerangaben.

Gesunde und ausgewogene Ernährung

Gesunde und ausgewogene Ernährung trägt dazu bei, den Typ-2-Diabetes zu bekämpfen oder erst gar nicht entstehen zu lassen.

Das ist kein Wunschdenken, sondern wissenschaftlich belegt, wie in der Patienten-Leitlinie zur Nationalen Versorgungs-Leitlinie zu lesen ist: „Wie aussagekräftige Studien zeigen, kann der HbA1c Wert durch eine Ernährungstherapie bei Menschen mit Typ-2-Diabetes gesenkt werden."

In unserem Rezept-Teil finden Sie zahlreiche Rezepte, die lecker, schmackhaft und leicht zuzubereiten sind. Und neben dem Spaß an der Zubereitung der Gerichte können Sie sich auch sicher sein, dass Sie etwas für Ihre Gesundheit tun.

Doch bevor wir zu den Rezepten kommen, geben wir Ihnen noch allgemeine Empfehlungen zur Ernährung bei Typ-2-Diabetes:

Allgemeine Empfehlungen*

Kohlenhydrate

Kohlenhydrate werden im Körper in Glukose (umgangssprachlich: Traubenzucker) umgewandelt und versorgen ihn mit Energie. Sie haben einen starken Einfluss auf den Blutzuckerspiegel.

Es gibt unterschiedliche Formen von Kohlenhydraten. Sie alle haben gemeinsam, dass sie aus einzelnen Zuckerbausteinen zusammengesetzt sind. Kohlenhydrate kommen in vielen Nahrungsmitteln vor. Entscheidend ist, wie schnell sie den Blutzuckerspiegel beeinflussen.

In Instantprodukten, gezuckerten Säften oder Limonaden liegt Zucker in Reinform vor; daher treiben diese Produkte die Blutzuckerwerte rasch in die Höhe (hoher glykämischer Index). Im Gegensatz dazu muss der enthaltene Zucker in Gemüse, Hülsenfrüchten, Vollkornprodukten oder fettarmer Milch erst aufgespalten werden, was sich weniger stark auf den Blutzuckerwert auswirkt (niedriger glykämischer Index). Diese gesunden Lebensmittel sollten bei Typ-2-Diabetes deshalb unbedingt auf dem Speiseplan stehen.

Kohlenhydrate sind also nicht gleich Kohlenhydrate: Es kommt nicht nur auf die Menge, sondern vor allem auf die Art an. Für Sie ist es wichtig zu wissen, welche Lebensmittel den Blutzucker schnell oder langsam erhöhen und welche Kohlenhydratmenge in Nahrungsmitteln steckt.

Laut der Leitlinie ist eine generelle Empfehlung zu einer kohlenhydratarmen Kost bei Menschen mit Typ-2-Diabetes wissenschaftlich nicht begründet. Das heißt: Sie müssen sich nicht unbedingt kohlenhydratarm ernähren.

Haushaltszucker

Sie sollten Lebensmittel, die Zucker enthalten, nur in Maßen zu sich nehmen. Das sind beispielsweise Süßigkeiten oder Kuchen.

Fette

Bevorzugen sollten Sie pflanzliche Öle und Fette, zum Beispiel Raps- und Olivenöl, Nüsse und Samen. Diese können sich positiv auf die Blutfettwerte auswirken. Fettreiche Lebensmittel in großen Mengen sollten Sie vermeiden, wie etwa fettes Fleisch, fette Wurstwaren, fetten Käse, fette Backwaren, fette Fertigprodukte, Fast Food, Sahne, Chips oder Schokolade.

Eiweiß

Wenn Sie keine Anzeichen einer Nierenerkrankung haben, können Sie Ihre gewöhnliche Eiweißaufnahme beibehalten. Der Eiweißanteil sollte jedoch zwischen 10 bis 20% der Gesamtenergie ausmachen.

Wenn die Nieren geschädigt sind und nicht mehr richtig funktionieren, kann eine eiweißreiche Ernährung die Nieren möglicherweise belasten. Aus diesem Grund sollten Ärztinnen und Ärzte Menschen mit Typ-2-Diabetes und Nierenschädigung eine tägliche Eiweißzufuhr von 0,8 Gramm pro Kilogramm Körpergewicht am Tag empfehlen. Diese vorgegebene Menge entspricht einer normalen Eiweißzufuhr bei einer üblichen Mischkost.

Wer eine Nierenerkrankung bei Diabetes hat, sollte sich auf jeden Fall individuell beraten lassen, welche Eiweißzufuhr empfehlenswert ist!

Eine Empfehlung, ob tierische oder pflanzliche Eiweiße besser sind, liefert die Leitlinie nicht. Dazu wurden keine belastbaren Studiendaten gefunden.

Alkohol

Menschen mit Typ-2-Diabetes sollten nur wenig Alkohol trinken, da Alkohol die Neubildung von Zucker in der Leber hemmt und somit das Risiko für

Unterzuckerungen erhöhen kann. Es ist daher nicht ratsam, dass Sie Mahlzeiten auslassen, um Alkohol zu trinken.

Wenn Sie mit Insulin behandelt werden, sollten Sie Alkohol nur zusammen mit einer kohlenhydrathaltigen Mahlzeit zu sich nehmen.

*Alle Empfehlungen sind der PatientenLeitlinie zur Nationalen VersorgungsLeitlinie „Therapie des Typ-2-Diabetes", 1. Auflage. Version 1. 2015 entnommen. Available from: www.dmtherapie.versorgungsleitlinien.de, DOI: 10.6101/AZQ/000238

Berechnung der Kohlenhydrate für Leser, die Insulin spritzen

Wer Insulin spritzt, muss wissen, wie viele Kohlenhydrate seine Mahlzeiten enthalten. Damit kann die Insulin-Dosis berechnet werden, die gespritzt werden muss, um einen Blutzuckeranstieg nach dem Essen zu regulieren.

Hierzu werden die Einheiten 1 BE (eine Broteinheit) und 1 KE (eine Kohlenhydrateinheit) verwendet.

1BE entspricht 12g Kohlenhydrate
1KE entspricht 10g Kohlenhydrate

Die beiden Einheiten können gleichwertig verwendet werden.

Hinweis:
Alle Nährwertangaben zu den folgenden Rezepten sind gewissenhaft recherchiert worden, dennoch übernehmen wir keine Haftung für die Richtigkeit der Angaben.
Zur Sicherheit sollten Sie gegebenenfalls vor und nach dem Essen Ihren Blutzuckerwert bestimmen.

Die besten Diabetiker-Rezepte

Liebe Leser,

ergründen Sie nun die Vielfältigkeit der besten Diabetiker-Rezepte.

Bevor Sie mit dem Ausprobieren der leckeren Rezepte beginnen, möchte ich Ihnen noch wenige Informationen mit auf den Weg geben, die Sie bei der Portionierung und Zubereitung unterstützen werden.

Alle Rezepte sind mit der entsprechenden Anzahl der Portionen beschriftet, beachten Sie diesen Punkt beim Zubereiten, damit nach dem Essen niemand mit knurrenden Magen den Tisch verlässt, sondern jeder ein zufriedenes Lächeln im Gesicht trägt.

Weiterhin können Sie aus jedem Rezept die Nährwertangaben in Form von Kalorien, Kohlenhydraten, Eiweiß und Fett entnehmen. So sind Sie stets auf der sicheren Seite und wissen was Sie Ihrem Köper zuführen.

Auch die tatsächliche Zubereitungszeit ist aufgeführt, damit Sie im Vorfeld genügend Zeit für Ihre Mahlzeiten einplanen können.

Die aufgeführten Rezepte werden für Sie in folgende Kategorien aufgeteilt:

Beim Durchblättern des Buches haben Sie sicherlich bemerkt, dass Sie hier keine Bilder finden. Auch dies möchte ich Ihnen kurz erläutern:

- Der Verzicht auf Bildmaterial wird Ihre Fantasie anregen. So kreieren Sie eine Mahlzeit, die Sie sich zunächst vor Ihrem geistigen Auge vorgestellt haben – Durch diesen Effekt werden Ihnen die Gerichte nicht nur besser gefallen, sondern auch viel besser schmecken.
Und sind wir ehrlich: Wann gelingt es schon einmal, dass die gekochte Mahlzeit letztendlich so aussieht, wie auf dem Hochglanzfoto?

- Es fallen geringere Bereitstellungs- und Druckkosten an. Diese Einsparung wird verwendet, um für Sie das Buch so kostengünstig wie möglich anbieten zu können. Ich danke Ihnen für Ihr Verständnis.

Nun bleibt mir nichts anderes übrig, als Ihnen maximale Freude beim Ausprobieren der leckeren Rezepte zu wünschen.

Lassen Sie es sich gut ergehen.

Ihre Miranda Herzig

Frühstück

Das Frühstück ist eine wichtige Mahlzeit denn der Körper muss für den bevorstehenden Tag seine Reserven wieder auffüllen. Das ist gerade für Diabetiker wichtig. Nur sollten Diabetiker auf Nahrungsmittel verzichten, die den Blutzucker schnell ansteigen lassen. Dazu gehören zum Beispiel fertige Müslimischungen mit hohem Zuckeranteil oder Brot und Brötchen aus Weißmehl. Hier sollten Sie eher Vollkornprodukte, Joghurt, mageren Käse und Schinken sowie Obst und Gemüse vorziehen.

Unsere Frühstücksrezepte bieten Ihnen einen optimalen Start in den Tag. Wir haben Rezepte für Neulinge ausgewählt, die sich erst noch daran gewöhnen müssen, die Kohlenhydratmengen ihrer Mahlzeiten zu berechnen.

Aber Sie finden hier selbstverständlich auch leckere Rezepte für Müslis, Eierspeisen und mehr. Auch ein Marmeladenrezept ist dabei, das auch Kochneulingen gelingen sollte!

Viel Spaß beim Ausprobieren und guten Appetit!

Fruchtiges Gute-Laune-Frühstück

Mit diesem Frühstück starten Sie fruchtig in den Tag.

Zutaten für 1 Portion

- 150g Naturjoghurt (1,5% Fett)
- 1 EL Vollkorn Weizenflakes
- 1 Nektarine
- Süßstoff
- Zimt

Zubereitung

Die Nektarine waschen und in mundgerechte Stücke schneiden. Als nächstes Süßstoff und Zimt je nach Geschmack in den Joghurt rühren.

Joghurt mit den Früchten und den Flakes vermischen.

Fertig!

Zubereitungszeit

10 Minuten

Nährwertangaben pro Portion

150 kcal | Kohlenhydrate 25g | Eiweiß 2g | Fett 9g | BE 2

Walnusscreme mit Paprika

Leckerer Brotaufstrich mit Quark und Joghurt.

Zutaten für 1 Portion

- 50g rote Paprika
- 3 EL Magerquark
- 1 kleine Knoblauchzehe
- 2 EL Walnüsse (gehackt)
- 1 TL Olivenöl
- 2 EL Joghurt (1,5% Fett)
- 2 EL frische Schnittlauchröllchen
- Salz und Pfeffer (nach Bedarf)

Zubereitung

Den Knoblauch schälen und klein hacken oder durch die Knoblauchpresse drücken. Dann zusammen mit den gehackten Walnüssen in eine Pfanne mit dem Olivenöl geben und rösten, bis beide Zutaten goldgelb sind. Das dauert circa 3 Minuten.

Pfanne zur Seite stellen, Paprika waschen und in sehr kleine Stücke schneiden. Joghurt und Magerquark vermischen, die Paprika und die Knoblauch-Walnuss-Mischung unterrühren. Mit Pfeffer und Salz würzen.

Zum Schluss die Schnittlauchröllchen über die Creme geben.

Zubereitungszeit

15 Minuten

Nährwertangaben pro Portion

280 kcal | Kohlenhydrate 2g | Eiweiß 16g | Fett 18g | BE 0

Flüssiges Frühstück

Mit diesem leckeren Smoothie sind Sie fit für den Tag!

Zutaten für 2 Portionen

- 2 Pfirsiche
- 300g Erdbeeren
- 500ml Buttermilch
- etwas Minze

Zubereitung

Obst waschen und kleinschneiden. Mit der Buttermilch pürieren. Mit Minze dekorieren.

Zubereitungszeit

10 Minuten

Nährwertangaben pro Portion

209 kcal | Kohlenhydrate 31g | Eiweiß 2g | Fett 11g | BE 2,5

Apfel-Joghurt-Flocken

Ein schnelles selbstgemachtes Müsli für Apfel-Fans.

Zutaten für 1 Portion

- 150g geriebener Apfel

- 150g Magerjoghurt
- 2 EL Haferflocken
- 1 Zitrone
- 20g Haselnüsse

Zubereitung

Den Apfel waschen und reiben. Die Zitrone auspressen und 1 EL vom Saft abmessen. Alle Zutaten miteinander vermischen.

Zubereitungszeit

10 Minuten

Nährwertangaben pro Portion

400 kcal | Kohlenhydrate 36g | Eiweiß 14g | Fett 13g | BE 3

Selbstgemachte Marmelade

Pfirsich meets Lavendel: lecker.

Zutaten für 7 Gläser á 250g

- 1 große Zitrone
- 1,5 kg Pfirsiche (reif)
- 2 EL getrocknete Lavendelblüten
- 500g Gelierzucker (Verhältnis 3:1)

Zubereitung

Die Pfirsiche in eine ausreichend große Schüssel geben und mit kochendem Wasser überbrühen. Danach kurz abkühlen lassen und die Haut abziehen. Die Früchte aufschneiden und die Kerne entfernen. Das Fruchtfleisch in kleine Stücke schneiden.

Die Zitrone halbieren und beide Hälften auspressen.

Einen großen Topf auf den Herd stellen. Die Früchte in den Topf geben, Lavendelblüten untermischen. Den Zitronensaft dazugeben und zuletzt den Gelierzucker einrühren.

Erst jetzt die Herdplatte auf höchster Stufe erhitzen und die Marmelade nach der Packungsanweisung fertigkochen.

Gelierprobe machen: Dazu einen Teelöffel Marmelade aus dem Topf holen und auf einen kleinen Porzellanteller geben. Wenn die Masse geliert, ist die Marmelade fertig!

Zubereitungszeit

60 Minuten

Nährwertangaben pro Esslöffel

28 kcal | Kohlenhydrate 7g | BE 0,5

Schinkenrührei mit Tomaten

Das Lieblingsfrühstück für Rühreifans.

Zutaten für 1 Portion

- 6 Kirschtomaten
- 2 Frühlingszwiebeln
- 2 Eier
- 1 EL Rapsöl
- 1 Scheibe gekochter Schinken
- 1 Scheibe Roggenvollkornbrot

Zubereitung

Kirschtomaten waschen und halbieren. Frühlingszwiebel ebenfalls waschen und in möglichst dünne Ringe schneiden. Schinken in kleine Würfel schneiden. Die Eier verquirlen.

Öl in eine beschichtete Pfanne geben und auf mittlere Hitze stellen.

Die verquirlten Eier in die Pfanne geben. Schinken, Kirschtomaten und Frühlingszwiebeln ebenfalls dazugeben und kurz mitbraten. Locker umrühren und Rührei nicht zu lange braten, sonst wird es trocken.

Rührei mit Brot servieren.

Zubereitungszeit

20 Minuten

Nährwertangaben pro Portion

448 kcal | Kohlenhydrate 31g | Eiweiß 24g | Fett 27g | BE 2,5

Vollkornbrot mit Frischkäse und Gurke

Schmeckt nicht nur gut, sondern sieht auch toll aus.

Zutaten für 1 Portion

- 2 Scheiben Vollkornbrot
- 50g Frischkäse (10% Fett)
- 50g Salatgurke
- ¼ Paprika
- 1 EL Maiskörner (Dose)
- 50g Kirschtomaten
- Salz
- Pfeffer

Zubereitung

Die Gurke waschen, trocknen und grob raspeln. Paprika ebenfalls waschen, trocknen, die Kerne entfernen und die weiße Haut wegschneiden. Paprika in sehr feine Streifen schneiden. Die Tomaten waschen und in Viertel schneiden.

Die geraspelte Gurke mit dem Frischkäse und dem Mais verrühren. Nach Geschmack pfeffern und salzen.

Die Masse auf die Brote streichen und mit Paprika und Tomaten belegen.

Zubereitungszeit

15 Minuten

Nährwertangaben pro Portion

325 kcal | Kohlenhydrate 51g | Eiweiß 4g | Fett 14g | BE 4,2

Herzhafter Frühstücks-Salat

Abwechslungsreicher Start in den Tag.

Zutaten für 1 Portion

- 100g Cherrytomaten
- 50g Rucola
- 50g Joghurt (1,5% Fett)
- 50ml Orangensaft
- 1 Knoblauchzehe
- 100g Gurke
- 1 TL Olivenöl
- 1 EL Parmesan (gerieben)
- Salz
- Pfeffer

Zubereitung

Rucola verlesen, waschen und trocknen. In mundgerechte Bissen schneiden und auf einen Teller geben. Tomaten waschen, trocknen und halbieren. Gurke schälen, halbieren und in mundgerechte Stücke schneiden.

Tomaten und Gurken zu dem Rucola geben.

Die Knoblauchzehe schälen und fein hacken. Knoblauch mit Orangensaft, Olivenöl und dem Parmesan zu einem Dressing verrühren. Nach Geschmack salzen und pfeffern und über den Salat träufeln.

Zubereitungszeit

15 Minuten

Nährwertangaben pro Portion

125 kcal | Kohlenhydrate 16g | Eiweiß 3g | Fett 8g | BE 1,3

Schnelles Omelett

Für Fans von Herzhaftem am Morgen.

Zutaten für 2 Portionen

- 4 Eier
- 2 TL Rapsöl
- 300g gefrorenes Kaisergemüse
- 1 Zwiebel
- 2 TL gefrorene Schnittlauchröllchen
- 50ml fettarme Milch (1,5% Fett)
- 75g Kirschtomaten
- ½ Schale Kresse
- Salz
- Pfeffer

Zubereitung

Tomaten waschen. Zwiebel schälen und fein hacken. Öl in eine beschichtete Pfanne geben, die Zwiebel darin anbraten. Dann das Kaisergemüse (noch gefroren) dazugeben. Hitze reduzieren, Deckel auflegen und das Gemüse garen bis es aufgetaut ist. Das sollte nach circa 5 Minuten der Fall sein.

In der Zwischenzeit die Eier mit der Milch verquirlen, mit Salz und Pfeffer würzen. Die Eiermilch über das Gemüse geben. Deckel wieder auflegen und weiter garen bis die Eiermilch stockt. Das dauert circa 10 Minuten.

Das fertige Omelett auf einem Teller anrichten, mit den Tomaten und der Kresse garnieren.

Zubereitungszeit

20 Minuten

Nährwertangaben pro Portion

305 kcal | Kohlenhydrate 11g | Eiweiß 19g | Fett 20g | BE 0,9

Obst am Spieß

Das schmeckt nicht nur zum Frühstück, sondern auch als Snack zwischendurch.

Zutaten für 4 Portionen

- 300g fettarmer Joghurt
- 20g Mandeln
- 1 TL Honig
- 125g Weintrauben
- 200g Zuckermelone
- 1 Apfel
- 1 Banane
- Holzspieße

Zubereitung

In einer Pfanne die Mandeln ohne Zugabe von Fett kurz anrösten. Abkühlen lassen und die Mandeln anschließend klein hacken.

Den Joghurt mit Honig und den gehackten Mandeln verrühren. Joghurt in einer Schale anrichten.

Die Weintrauben waschen, die Banane schälen, den Apfel schälen, entkernen und in kleine Würfel schneiden, Kerne aus der Melone entfernen und ebenfalls in kleine Würfel schneiden.

Das Obst auf die Spieße stecken. Spieße zusammen mit dem Joghurt servieren.

Zubereitungszeit

20 Minuten

Nährwertangaben pro Portion

195 kcal | Kohlenhydrate 30g | Eiweiß 4g | Fett 6g | BE 2,5

Fruchtige Mandel-Pancakes

Diese Pancakes zaubern Ihnen bereits am Morgen ein Lächeln ins Gesicht.

Zutaten für 2 Portionen

- 50g Dinkelvollkornmehl
- 1 Ei
- 80ml Milch (1,5% Fett)
- 80g Naturjoghurt (1,5% Fett)
- 1 Orange
- 1 Mango
- 1 Prise Salz
- 25g gemahlene Mandeln
- 1 TL Rapsöl

Zubereitung

Das Ei trennen und das Eiweiß steif schlagen. Das Eigelb und das Salz so lange verrührt, bis es cremig ist.

Mehl und Mandeln vermengen und mit der Milch verrühren. Die Eimasse und unterheben, vermischen und den Teig ein paar Minuten ruhen lassen.

In der Zwischenzeit können die Orange und die Mango geschält und kleingewürfelt werden.

Geben Sie das Öl in die Pfanne und erhitzen Sie diese auf kleiner Stufe. Geben Sie die erste Hälfte des Pancake-Teiges in die Pfanne und backen Sie ihn von beiden Seiten für 1 bis 2 Minuten. Anschließend können Sie den zweiten Pfannkuchen genauso zubereiten.

Legen Sie die Pancakes auf Teller und belegen Sie eine Hälfte mit den Mango- und Orangenstückchen, geben Sie den Joghurt darüber und klappen Sie anschließend den Pancake zu.

Zubereitungszeit

15 Minuten

Nährwerte pro Portion

340 kcal | Kohlenhydrate 40g | Eiweiß 11g | Fett 14g | BE 3,3

Hüttenkäse-Breakfast

Diese leckere Kreation aus süßem Zimt, fruchtigem Apfel und frischem Hüttenkäse beschert einen hervorragenden Start in den Tag.

Zutaten für 2 Portionen

- 400g Hüttenkäse
- 2 Äpfel
- 4 EL Apfelmus
- 2 TL Zimtpulver
- 2 EL gehackte Walnüsse

Zubereitung

Den Apfel waschen, zerkleinern und die Kerne entfernen.

Apfelmus, Zimt und Hüttenkäse in einer Schüssel vermengen.

Die Apfelstückchen und die gehackten Walnüsse unter die Masse heben und genießen.

Zubereitungszeit

5 Minuten

Nährwertangaben pro Portion

337 kcal | Kohlenhydrate 28g | Eiweiß 26g | Fett 12g | BE 2,3

Fruchtiges Müsli

Geröstete Haferflocken und frische Früchte mit Joghurt bringen Schwung in den Morgen.

Zutaten für 4 Portionen

- 150g Honigmelone
- einige Heidelbeeren (frisch oder TK)
- 30g Haferflocken
- 1 Kiwi
- 1 TL Zucker
- 150g Joghurt (fettarm)
- 1 TL Honig

Zubereitung

Die Melone halbieren, von den Kernen befreien und in mundgerechte Stücke schneiden. Die Kiwi schälen, halbieren und in dünne Scheiben schneiden. Heidelbeeren waschen und gut abtropfen lassen (TK Heidelbeeren zunächst auftauen und ebenfalls gut abtropfen lassen).

Eine Pfanne aufstellen, den Zucker und die Haferflocken hineingeben. Unter Rühren anrösten bis der Zucker karamellisiert. (Vorsicht: Nicht anbrennen lassen!)

Joghurt mit Honig cremig rühren.

Die gerösteten Haferflocken in eine Schüssel oder einen tiefen Teller geben. Obst darüber drapieren. Zum Schluss den Joghurt über die Mischung geben.

Zubereitungszeit

15 Minuten

Lunch

Wenn nach ein paar Stunden Arbeit der Magen knurrt und die Konzentration nachlässt, dann ist es Zeit, sich ein paar Gedanken über das Mittagessen zu machen.

Wenn Sie die Mittagspause zu Hause verbringen, dann können Sie sofort mit einem unserer leckeren Rezepte loslegen.

Wenn Sie im Büro die Möglichkeit haben, mitgebrachtes Essen aufzuwärmen, dann können Sie zu Hause vorkochen.

Falls das nicht der Fall ist, können Sie immer auf Salat zurückgreifen, den Sie zu Hause schnell vorbereiten können. Wenn Sie das Dressing separat verpacken, ist der Salat auch im Büro noch knackig und frisch.

Reine Schreibtischtäter sollten darauf achten, dass sie leichte Kost zu sich nehmen, damit der Magen nicht zu viel Energie für die Verdauung abzieht!

Exotischer Salat mit Ente

Fruchtig, exotisch und lecker.

Zutaten für 1 Portion

- 2 Kirschtomaten
- 50g Rotkohl

- 50g Endiviensalat und Eichblattsalat
- 100g Mango
- 1 Frühlingszwiebel
- 1 EL Zitronensaft
- 1 EL Obstessig
- ½ TL Honig
- 2 TL Sesamöl
- Salz und Pfeffer
- 125g Entenbrustfilet (ohne Haut und Knochen)
- 1EL Sojasauce
- 80g Vollkornbaguette (als Beilage)

Zubereitung

Das Entenfleisch in mundgerechte Streifen schneiden, salzen und pfeffern und kurz mit der Sojasauce marinieren.

Alle Salatblätter waschen und trockenschleudern. Rotkohl hobeln oder in feine Streifen schneiden. Wenn Sie keinen rohen Rotkohl mögen, können Sie ihn kurz blanchieren. Frühlingszwiebel in kleine Ringe schneiden

Für das Dressing Essig, Zitronensaft, Honig, 1 TL Öl und Salz und Pfeffer in einer großen Schüssel verrühren. Als erstes Rotkohl und Tomaten zu dem Dressing geben.

Eine beschichtete Pfanne erhitzen, das restliche Öl hineingeben und die Entenstreifen darin von allen Seiten braten.

Den restlichen Salat, die Frühlingszwiebel und die kleingeschnittene Mango unter den Salat heben.

Die fertig gebratenen Entenstreifen mit Salat und Baguette servieren.

Zubereitungszeit

30 Minuten

Nährwertangaben pro Portion

550 kcal | Kohlenhydrate 15g | Eiweiß 33g | Fett 26g | BE 4

Salat für Matjesfans

Die Reste können Sie gut am nächsten Tag mit ins Büro nehmen, dann ist der Salat schön durchgezogen.

Zutaten für 4 Portionen

- 2 säuerliche Äpfel
- 2 Zwiebeln
- 8 küchenfertige Matjes
- 150g Saure Sahne
- 100g Naturjoghurt (1,5% Fett)
- 1 Bund Radieschen
- 3 EL Zitronensaft
- Pfeffer
- Dill

Zubereitung

Fisch in mundgerechte Stücke schneiden. Äpfel schälen, Kerngehäuse entfernen und in kleine Würfel schneiden. Mit dem Zitronensaft beträufeln.

Zwiebeln schälen und fein hacken. Radieschen putzen, waschen, trocknen und in feine Scheiben schneiden.

Dressing herstellen. Dazu Joghurt, Saure Sahne und Pfeffer gut verrühren. Dill nach Geschmack dazugeben. Salz sollte nicht nötig sein, da die Matjes in der Regel salzig genug sind.

Fisch, Äpfel, Zwiebeln und Radieschen in eine Schüssel geben, mit dem Dressing mischen und gut durchziehen lassen.

Zubereitungszeit

20 Minuten

Nährwertangaben pro Portion

310 kcal | Kohlenhydrate 12g | Eiweiß 21g | Fett 20g | BE 1

Bauernfrühstück

Ein rustikales und schmackhaftes Rezept, bei dem die Kartoffeln nicht vorgekocht werden müssen.

Zutaten für 2 Portionen

- 140g TK Erbsen
- 100g Kartoffeln
- 200g Lauchzwiebeln
- 2 Eier
- 40g Schinkenwürfel
- 1 EL Öl
- Salz
- Pfeffer

Zubereitung

Die rohen Kartoffeln schälen, waschen und trocken tupfen, dann in möglichst dünne Scheiben schneiden.

Das Öl in einer beschichteten Pfanne erhitzen, die Kartoffelscheiben dazu geben und mit Salz und Pfeffer würzen. Die Kartoffeln braten, bis sie goldbraun sind und dabei mehrmals wenden. Das dauert circa 10 bis 15 Minuten.

In der Zwischenzeit die Lauchzwiebeln waschen und in kleine Ringe schneiden.

Wenn die Kartoffelscheiben goldbraun sind, Lauchzwiebeln, Schinkenwürfel und gefrorene Erbsen ebenfalls in die Pfanne geben und alles noch einmal circa 3 Minuten braten, die Masse dabei mehrmals wenden.

Zum Schluss die Eier verquirlen, mit Salz und Pfeffer nach Bedarf würzen und in die Pfanne mit den Kartoffeln geben. Pfanne zudecken und den Inhalt bei schwacher Hitze rund 5 bis 8 Minuten stocken lassen.

Zubereitungszeit

30 Minuten

Nährwertangaben pro Portion

420 kcal | Kohlenhydrate 42g | Eiweiß 18g | Fett 17g | BE 3,5

Tomatensuppe mit Brot

Schnelle Suppe für Tomatenliebhaber.

Zutaten für 1 Portion

- 250ml Gemüsebrühe
- 1 Scheibe Vollkornbrot
- 2 Fleischtomaten

- Salz
- Pfeffer

Zubereitung

Tomaten mit kochendem Wasser übergießen, etwas abkühlen lassen und häuten. Tomatenfleisch in Würfel schneiden. Die Gemüsebrühe zum Kochen bringen, die Tomaten dazugeben, auf kleiner Hitze ca. 5 Minuten köcheln lassen.

In der Zwischenzeit das Vollkornbrot mit den Händen zerkrümeln und in einer beschichteten Pfanne ohne Fett ganz kurz rösten.

Die Tomatensuppe pürieren, mit Salz und Pfeffer abschmecken. Die Sahne dazugeben und durchrühren.

Die Suppe in Teller füllen, das geröstete Brot darüber streuen.

Zubereitungszeit

25 Minuten

Nährwertangaben pro Portion

208 kcal | Kohlenhydrate 34g | Eiweiß 8g | Fett 4g | BE 2,8

Bohnensalat mit frischer Paprika

Diesen vegetarischen Salat können Sie gut zur Arbeit mitnehmen.

Zutaten für 4 Portionen

- 1 Dose Kidneybohnen
- 1 Dose weiße Bohnen
- 1 Paprikaschote
- 200g frische grüne Bohnen
- 1 Zwiebel
- 2 EL saure Sahne
- 2 EL Weinessig
- ½ TL Tomatenketchup
- ½ TL Meerrettich
- ½ TL Senf
- 1 EL Öl
- Salz
- Pfeffer
- gehackter Thymian

Zubereitung

Die frischen Bohnen putzen und waschen. Wasser in einem Topf zum Kochen bringen, salzen und die Bohnen darin bissfest garen. Das dauert circa 6-8 Minuten. Bohnen in ein Sieb gießen und mit kaltem Wasser abschrecken. Dann beiseitestellen.

Die Zwiebel schälen und in dünne Ringe schneiden. Die Paprika aufschneiden, die Kerne und die weiße Haut entfernen. Dann waschen und in kleine Würfel schneiden.

Die beiden Bohnendosen öffnen, den Inhalt in ein Sieb geben, mit kaltem Wasser abspülen und gut abtropfen lassen.

Bohnen, Paprika und Zwiebeln in eine große Schüssel geben und jetzt das Dressing zubereiten. Dazu Öl, Essig, Senf, saure Sahne, Tomatenketchup, Meerrettich und Thymian verrühren und mit Pfeffer und Salz würzen.

Dressing in die Schüssel geben und mit dem Gemüse vermischen. Vor dem Servieren mindestens 5 Minuten ziehen lassen.

Zubereitungszeit

30 Minuten

Nährwertangaben pro Portion

210 kcal | Kohlenhydrate 15g | Eiweiß 7g | Fett 11g | BE 1,2

Pizza mit Teig aus Blumenkohl

Dieser Pizzaboden ist nicht nur hefe- und weizenfrei, sondern hat auch wenig Kohlenhydrate.

Zutaten für 2 Portionen

- 1 Ei
- 180g Käse (30% Fett i.Tr.)
- 220g Blumenkohl
- 1 TL italienische Kräuter
- 1 Zehe Knoblauch
- ½ TL Salz

Für den Belag

- Gemüse, Schinken nach Belieben
- 1 Dose Tomaten (passiert)
- etwas Reibekäse

Zubereitung

Den Blumenkohl waschen und abtrocknen lassen, dann im Mixer oder mit der Reibe möglichst fein zerkleinern. Das Resultat sollte wie Grieß aussehen.

Zur Weiterverarbeitung wird der Blumenkohl-Grieß in der Mikrowelle bei 600 Watt vorgegart. Alternativ können Sie ihn auch ungefähr 8 Minuten im Dampfgarer vorgaren.

Backofen auf 180 Grad vorheizen. Backblech mit Backpapier auslegen.

Käse raspeln, Knoblauch schälen und klein hacken.

Den vorgegarten Blumenkohlgries in eine Schüssel geben. Mit Käse, Ei, Knoblauch und den Gewürzen vermischen.

Den fertigen Teig auf das Backblech geben und circa 15 Minuten backen, bis der Boden leicht gebräunt ist.

Passierte Tomaten und die restlichen Zutaten auf dem Teig verteilen, mit dem Reibekäse bestreuen und nochmal für ein paar Minuten in den Backofen schieben, bis der Reibekäse geschmolzen ist.

Zubereitungszeit

50 Minuten

Nährwertangaben pro Portion

480 kcal | Kohlenhydrate 12g | Eiweiß 51g | Fett 23g | BE 1

Bunter Staudensellerie-Salat

Frisch, schnell, lecker – und schmeckt auch im Büro.

Zutaten für 2 Portionen

- 50g grüne Paprika
- 100g Karotten
- 150g Staudensellerie
- 30g Lachsschinken
- 1 EL Erdnussöl
- Salz
- Pfeffer
- Essig
- Knoblauch

Zubereitung

Das Gemüse waschen, putzen, trocknen und in mundgerechte Stücke schneiden.

Schinken in Streifen schneiden.

Dressing herstellen. Dazu Öl, Essig, Salz und Pfeffer gut verrühren.

Dressing über den Salat geben. Schinkenwürfel darüber streuen.

Zubereitungszeit

15 Minuten

Nährwertangaben pro Portion

120 kcal | Kohlenhydrate 5g | Eiweiß 5g | Fett 9g | BE 0

Herzhafter Endiviensalat

Frisch, würzig und schnell zubereitet.

Zutaten für 2 Portionen

- 1 kleine Kartoffel
- 1 kleine Zwiebel
- 200g Endivien
- 2 TL Distelöl
- 6 TL Gemüsebrühe
- Kräuteressig nach Belieben
- Salz
- Pfeffer

Zubereitung

Kartoffel kochen, das dauert circa 20 Minuten. Alternativ können Sie auch eine gekochte Kartoffel vom Vortag verwenden, dann ist der Salat auch in knapp 10 Minuten fertig.

In der Zwischenzeit den Endiviensalat waschen, trockenschleudern und in mundgerechte Bissen schneiden. Zwiebel schälen und klein hacken.

Wenn die Kartoffel gar ist, pellen und zerdrücken.

Öl, Essig, und Gemüsebrühe verrühren, die gehackte Zwiebel und die zerdrückte Kartoffel zugeben. Alles gut vermischen und mit Pfeffer und Salz würzen.

Das Dressing erst kurz vor dem Servieren zu dem geschnittenen Endiviensalat geben.

Zubereitungszeit

30 Minuten

Nährwertangaben pro Portion

75 kcal | Kohlenhydrate 5g | Eiweiß 2g | Fett 5g | BE 0

Risotto mit Zwiebeln

Einfach, nahrhaft, kann gut vorgekocht werden.

Zutaten für 1 Portion

- 300ml Fleischbrühe (entfettet)
- 5g Zwiebeln
- 45g Reis
- 1 TL Olivenöl
- 1 Lorbeerblatt
- Salz
- Pfeffer

Zubereitung

Die Zwiebel schälen und fein hacken. Olivenöl in einen Topf geben und erhitzen. Zwiebel im Öl anbraten, Reis dazugeben und ebenfalls ganz kurz mitbraten lassen. Gut umrühren und aufpassen, dass nichts anbrennt. Mit der Brühe aufgießen, das Lorbeerblatt hinzugeben. Mit Salz und Pfeffer würzen. Deckel auf den Topf geben.

Den Risotto auf kleiner Flamme gar quellen lassen. Das dauert ungefähr 20 Minuten.

Tipp: Sie können gleich mehrere Portionen kochen und im Kühlschrank aufbewahren. Neben den Zwiebeln können Sie außerdem auch anderes Gemüse verwenden, wie z.B. Spargel oder Champignons. Beachten Sie aber, dass sich dann auch die Nährwerte entsprechend verändern.

Zubereitungszeit

30 Minuten

Nährwertangaben pro Portion

200 kcal | Kohlenhydrate 33g | Eiweiß 3g | Fett 6g | BE 3,5

Kalbsschnitzel in Parmesankruste mit Salat

Diese komplette Mahlzeit ist schnell zubereitet und schmeckt auch Ihren Gästen.

Zutaten für 4 Portionen

Für den Salat

- 1 großer Radiccio
- 100g Feldsalat
- 100g Champignons
- 3 EL Zitronensaft
- 4 EL saure Sahne (10% Fett)
- 4 EL Joghurt (1,5% Fett)
- Salz
- Pfeffer
- ½ Bund Schnittlauch

Für die Schnitzel

- 400g Kalbsschnitzel
- 2 Eier
- 6 EL Semmelbrösel
- 4 EL geriebener Parmesan
- 2 EL Butterschmalz
- Salz
- Pfeffer

Zubereitung

Das Fleisch waschen, mit einem Papier-Haushaltstuch gut abtrocknen. Panierstraße herstellen: Dazu die Eier verquirlen und in einen tiefen Teller geben. Parmesan und Semmelbrösel in einem anderen tiefen Teller vermischen.

Jetzt die Schnitzel zuerst in den Teller mit den Eiern tauchen und dann von beiden Seiten in der Semmelbrösel-Parmesan-Mischung panieren.

Eine beschichtete Pfanne auf den Herd stellen, den Butterschmalz darin erhitzen. Die Schnitzel in die Pfanne geben und von beiden Seiten 3 bis 4 Minuten anbraten. Hitze reduzieren und die Kalbsschnitzel noch circa 5 Minuten weiter braten, dabei mindestens einmal wenden.

Den Radiccio putzen und waschen. Sorgfältig abtropfen lassen oder, falls vorhanden, eine Salatschleuder benutzen. Radiccio in mundgerechte Stücke zupfen. Feldsalat putzen und waschen. Ebenfalls trocknen und die Stiele abschneiden.

Die Champignons putzen und möglichst nicht waschen. Verschmutzungen besser mit einer Bürste abbürsten. Champignons in dünne Scheiben schneiden.

Den Salat in einer großen Schüssel verteilen und jetzt das Dressing zubereiten. Dazu die Sahne und den Joghurt verrühren, Zitronensaft dazugeben und mit Salz und Pfeffer nach Geschmack würzen.

Den Schnittlauch waschen, trocken und am besten mit einer Schere in Röllchen schneiden und in das Salatdressing geben.

Dressing erst kurz vor dem Servieren in die Salatschüssel geben. Salat kurz durchheben und dann zusammen mit den Schnitzeln servieren.

Zubereitungszeit

35 Minuten

Nährwertangaben pro Portion

330 kcal | Kohlenhydrate 13g | Eiweiß 33g | Fett 15g | BE 1

Sonntagsragout mediterran

Würziges Rinderragout mit grünen Oliven.

Zutaten für 4 Portionen

- 2 Zwiebeln
- 2 Knoblauchzehen
- 2 Tomaten
- 30g magerer Speck
- 300g Rinderbraten
- 1 TL Olivenöl
- 100ml Rotwein (trocken)
- 100ml Gemüsebrühe
- 30g grüne Oliven (entsteint)
- Rosmarin oder Thymian nach Geschmack
- Salz
- Pfeffer

Zubereitung

Zwiebeln und Knoblauch schälen und klein hacken. Tomaten von den Stielansätzen befreien, waschen und in kleine Würfel schneiden. Rinderbraten und Speck in mundgerechte Würfel schneiden.

Das Öl in einem Topf erhitzen und den Speck darin auf mittlerer Hitze auslassen. Jetzt die Rindfleischstücke dazugeben und von allen Seiten braun anbraten. Knoblauch- und Zwiebel-Würfel mit in den Topf geben.

Wenn das Fleisch gut angebraten und gebräunt ist, Brühe und Wein in den Topf geben und aufkochen lassen. Tomaten dazugeben, salzen und pfeffern. Zum Schluss

Rosmarin oder Thymian in den Topf geben. Den Topf mit einem Deckel schließen und auf kleiner Flamme mindestens eine Stunde köcheln lassen.

10 Minuten vor Ende der Garzeit die Oliven zu dem Ragout geben.

Zubereitungszeit

70 Minuten

Nährwertangaben pro Portion

458 kcal | Kohlenhydrate 6g | Eiweiß 33g | Fett 30g | BE 0,5

Krautsalat – der Klassiker

Der Klassiker mit Schinken – lecker.

Zutaten für 2 Portionen

- 30g Schinken (fettarm)
- 30g Zwiebel
- 250g Weißkohl
- 4 TL Sonnenblumenöl
- Salz
- Pfeffer
- Essig
- Kümmel
- Süßstoff

Zubereitung

Weißkohl putzen, waschen und gut abtropfen lassen. In mundgerechte Streifen schneiden oder den Gemüsehobel benutzen. Zwiebel schälen und fein würfeln. Schinken ebenfalls in kleine Würfel schneiden Den Weißkohl in Salzwasser circa 5 Minuten blanchieren.

Zwiebel in etwas Öl kurz anbraten, den Schinken dazu geben und ebenfalls kurz mitbraten lassen.

Alle Zutaten vermischen, gut durchziehen lassen und falls nötig nachwürzen.

Zubereitungszeit

20 Minuten

Nährwertangaben pro Portion

145 kcal | Kohlenhydrate 6g | Eiweiß 5g | Fett 11g | BE 0,5

Scharfe Spaghetti

Immer wieder lecker, diesmal mit Pfefferschoten.

Zutaten für 2 Portionen

- 3 rote Pfefferschoten
- 2 Knoblauchzehen
- 100g Spaghetti (ohne Ei)
- ½ Bund Petersilie
- 3 EL Olivenöl
- Salz
- Pfeffer

Zubereitung

Die Nudeln nach der Packungsanweisung bissfest kochen. In der Zwischenzeit Knoblauch schälen und klein hacken. Petersilie waschen, trockenschleudern und ebenfalls klein hacken.

Wenn die Spaghetti gar sind, abgießen, etwas Spaghettiwasser aufheben.

Eine beschichtete Pfanne aufstellen, Olivenöl erhitzen. Knoblauch und Pfefferschoten darin kurz anbraten – aufpassen, dass der Knoblauch nicht braun wird, dann schmeckt er bitter.

Nudeln in die Pfanne geben, alles vermischen und mit Salz und Pfeffer würzen. Falls die Spaghetti zu klebrig sind, etwas von dem aufgefangenen Nudelwasser dazu geben.

Am Schluss Petersilie über das Gericht streuen.

Zubereitungszeit

30 Minuten

Nährwertangaben pro Portion

315 kcal | Kohlenhydrate 37g | Eiweiß 6g | Fett 15g | BE 3,7

Dinner

Wenn der Arbeitstag vorbei ist und Sie endlich wieder Zeit für sich und Ihre Familie haben, dann lohnt es sich auf jeden Fall, etwas Leckeres zu kochen.

Wir haben auch einige Salatrezepte für Sie aufgeschrieben, falls Sie es am Abend lieber schnell und unkompliziert haben.

Wenn Sie sich für den Salat entscheiden, können Sie auf jeden Fall zwei Portionen vorbereiten – dann haben Sie für das Mittagessen am nächsten Tag schon vorgesorgt.

Ganz egal, ob exotisch oder klassisch – für jeden Geschmack ist hier etwas dabei.

Viel Spaß beim Rezepte studieren und beim Nachkochen!

Satéspieße auf Spitzkohl-Curry

Exotischer Genuss, etwas aufwändiger in der Zubereitung.

Zutaten für 1 Portion

- 200g Spitzkohl
- 45g Basmatireis
- 100g Schweineschnitzel (möglichst dünn)
- 75ml Wasser
- 1 Messerspitze Sambal Oelek
- 2 TL Öl
- Salz und Pfeffer
- ½ TL Instant Gemüsebrühe
- ½ TL Curry
- 1 EL Sojasauce
- pflanzlicher Saucenbinder
- 1 EL saure Sahne
- 10g geröstete Erdnusskerne
- Korianderblätter zur Dekoration
- Holzspieß

Zubereitung

Sojasauce und Sambal Oelek verrühren. Das Schnitzel waschen, trocken tupfen und halbieren. Mit der Marinade bestreichen und zugedeckt im Kühlschrank etwa 30 Minuten ziehen lassen.

Basmatireis in kochendes Wasser geben, die Temperatur reduzieren und den Reis in circa 10 bis 15 Minuten kochen, bis er gar ist. In der Zwischenzeit den Spitzkohl waschen, abtrocknen und in circa 2 cm dicke Streifen schneiden.

1 TL Öl in einer beschichteten Pfanne erhitzen, Spitzkohl zugeben und rund 5 Minuten braten, zwischendurch wenden. Salz, Pfeffer und Curry dazugeben und kurz mitbraten lassen. Dann mit 75ml Wasser ablöschen. Die Gemüsebrühe dazu geben, einmal aufkochen lassen und dann mit dem Saucenbinder verdicken und beiseitestellen.

Jetzt das Fleisch aus dem Kühlschrank holen und auf einen langen Holzspieß stecken, möglichst wellenförmig. 1 TL Öl in einer zweiten Pfanne erhitzen, den Fleischspieß darin circa 4 Minuten braten, dabei regelmäßig wenden.

Zum Schluss die saure Sahne in die Fleischpfanne rühren.

Zum Anrichten Reis und Spitzkohl auf den Teller geben, den Fleischspieß darüberlegen. Die Erdnüsse darüber streuen und mit den Korianderblättern garnieren.

Zubereitungszeit

55 Minuten

Nährwertangaben pro Portion

500 kcal | Kohlenhydrate 43g | Eiweiß 35g | Fett 21g | BE 3,5

Scharfe Zucchini Nudeln

Schnelle Nummer für Pastafans.

Zutaten für 1 Portion

- 30g Vollkornnudeln
- 1 Zwiebel
- 1 Zucchini
- ½ Paprikaschote
- 150g Mais (Dose)
- ½ TL Öl
- Salz
- Pfeffer
- Chilipulver

Zubereitung

Zwiebel schälen und fein hacken. Zucchini waschen, trocken und in mundgerechte Stücke schneiden. Paprika waschen, trocknen, Kerne und weiße Haut entfernen, in kleine Stücke schneiden.

Eine beschichtete Pfanne aufstellen, das Öl hineingeben und zuerst die Zwiebel andünsten. Dann Zucchini und Paprika hinzugeben und durchrühren. Den Dosenmais dazugeben, dabei auch etwas von dem Maiswasser in die Pfanne geben.

Mit Pfeffer, Salz und Chilipulver würzen, einmal aufkochen lassen, dann auf kleiner Hitze köcheln, bis das Gemüse gar, aber noch bissfest ist.

In einem anderen Topf die Nudeln in kochendes Wasser geben und bissfest kochen. Nudelwasser abgießen und die Nudeln kurz in der Gemüsepfanne schwenken. Dann sofort servieren.

Zubereitungszeit

30 Minuten

Nährwertangaben pro Portion

328 kcal | Kohlenhydrate 55g | Eiweiß 11g | Fett 6g | BE 4,6

Zucchini-Käsesalat

Reste können am nächsten Tag als Lunch verwendet werden, wenn Sie das Dressing getrennt aufbewahren und nicht den ganzen Salat anmachen.

Zutaten für 4 Portionen

- 200g würziger Käse
- 150g Kirschtomaten
- 50g Frühlingszwiebeln
- 150g Zucchini
- 60g schwarze Oliven
- 2 Eier
- 2 EL Essig
- 6 EL Sonnenblumenöl
- 1 EL Zitronensaft
- 1 TL mittelscharfer Senf
- Salz
- Pfeffer

Zubereitung

Die beiden Eier hart kochen. In der Zwischenzeit Zucchini waschen, trocknen und in fingerdicke Scheiben schneiden. Tomaten waschen und vierteln. Frühlingszwiebeln putzen, waschen und klein schneiden. Den Käse in mundgerechte Stücke schneiden.

2 EL Öl in einer Pfanne erhitzen, die Zucchinischeiben darin von beiden Seiten braten, bis sie leicht Farbe angenommen haben. Aus der Pfanne nehmen, salzen und pfeffern und zum Abtropfen auf Küchenpapier legen.

Dressing zubereiten. Dazu das restliche Öl, Essig, Zitronensaft, Senf, Salz und Pfeffer gut verrühren. Gekochte Eier vierteln.

Alles in eine große Schüssel geben und vorsichtig mit dem Dressing vermischen. Auf Teller geben und die geviertelten Eier dazu anrichten.

Zubereitungszeit

25 Minuten

Nährwertangaben pro Portion

584 kcal | Kohlenhydrate 3g | Eiweiß 33g | Fett 49g | BE 0,2

Fischcurry mit Kokosraspeln und Pistazien

Exotisch, fruchtig, lecker.

Zutaten für 1 Portion

- 40g Langkorn Reis
- 1/2 rote Zwiebel
- 1 Möhre (klein)
- ¼ Apfel, möglichst säuerlich
- 125g Kabeljaufilet
- 1 EL Zitronensaft
- 2 TL Olivenöl
- 1 EL Apfelsaft

- 1 – 2 TL Kokosraspel
- 1 TL Pistazien (gehackt)
- Salz
- Pfeffer
- Currypulver
- Süßstoff

Zubereitung

Den Reis in einen Topf mit ausreichend Wasser geben, aufkochen lassen, dann zugedeckt auf kleiner Flamme kochen, bis er gar ist. Das dauert circa 15 bis 20 Minuten.

In der Zwischenzeit die Möhre schälen und in kleine Stifte schneiden. Den entkernten Apfel in Spalten schneiden, die Zwiebel schälen und in kleine Würfel schneiden. Den Fisch waschen, trocken tupfen und in Würfel schneiden.

Öl in eine beschichtete Pfanne geben, Zwiebeln und Möhren darin etwa 5 Minuten anbraten. Jetzt den Apfel und die Fischwürfel dazugeben. Mit Salz, Pfeffer, Curry und etwas Süßstoff würzen.

Zum Schluss den Apfelsaft dazugeben und die Masse zugedeckt bei geringer Hitze etwa 8-10 Minuten garkochen lassen. In der Zwischenzeit die Kokosraspel in einer weiteren Pfanne ohne Fett rösten.

Zum Anrichten den Reis mit den gehackten Pistazien vermischen und die Fischpfanne mit den gerösteten Kokosraspeln bestreuen.

Zubereitungszeit

50 Minuten

Nährwertangaben pro Portion

400 kcal | Kohlenhydrate 42g | Eiweiß 26g | Fett 15g | BE 3,5

Kartoffelsalat deluxe mit Würstchen

Wenn Sie gleich mehr zubereiten, können Sie schon für den Lunch am nächsten Tag vorkochen!

Zutaten für 2 Portionen

- 100g Tomaten
- 480g Kartoffeln
- 1 kleine Zwiebel
- 200g Gurke (in Scheiben)
- 100g Radieschen
- 250ml Gemüsebrühe
- 3 TL Maiskeimöl
- Salz
- Pfeffer
- Obstessig
- Senf
- Süßstoff
- Dill
- Petersilie
- Schnittlauch
- 2 Würstchen (je 80g)

Zubereitung

Ungeschälte Kartoffeln in ausreichend Wasser kochen, bis sie gar sind. Das dauert ca. 25 Minuten. Vor der Weiterverarbeitung etwas auskühlen lassen.

In der Zwischenzeit Zwiebel schälen und klein hacken. Tomaten, Gurken und Radieschen waschen und in mundgerechte Stücke schneiden.

Die lauwarmen Kartoffeln schälen und in Scheiben schneiden. In eine Schüssel geben, das kleingeschnittene Gemüse dazugeben.

Das Dressing zubereiten. Dazu Öl, Essig, Brühe und Gewürze verrühren. Dressing über den Salat geben, vorsichtig durchmischen und mindestens 10 Minuten durchziehen lassen. Bei Bedarf können Sie den Salat nachwürzen.

Die Würstchen in Wasser erhitzen und mit dem durchgezogenen Salat servieren.

Zubereitungszeit

35 Minuten

Nährwertangaben pro Portion

490 kcal | Kohlenhydrate 41g | Eiweiß 19g | Fett 28g | BE 3,4

Der Klassiker: Gulaschsuppe

Wenn Sie im Büro Gerichte erhitzen können, ist diese Suppe auch ein leckeres Mittagessen bei der Arbeit.

Zutaten für 4 Portionen

- 400g Kartoffeln (festkochend)
- 500g Rindergulasch
- 20g Schweineschmalz
- ½ Bund Suppengemüse
- 1 rote Paprika
- 2 Gemüsezwiebeln
- Salz
- Pfeffer

- Paprika
- Tomatenmark (kleine Dose)
- 1 Liter Brühe

Zubereitung

Gemüsezwiebeln schälen und in kleine Würfel schneiden. Suppengemüse putzen, waschen und ebenfalls in kleine Würfel schneiden. Paprika waschen, Kerne und weiße Haut entfernen, in kleine Würfel schneiden.

Großen Topf aufstellen, das Schweineschmalz hineingeben und auf höchster Stufe erhitzen. Fleisch hinzugeben und von allen Seiten kräftig anbraten. Hitze reduzieren, Zwiebeln, Paprika und Suppengemüse dazugeben, kurz anbraten lassen, dann die Brühe aufgießen.

Tomatenmark unterrühren, mit Salz, Pfeffer und Paprika nach Geschmack würzen. Topf mit einem Deckel verschließen und auf kleiner Hitze rund 90 Minuten köcheln lassen.

In der Zwischenzeit Kartoffeln schälen, waschen und in kleine Würfel schneiden. Nach 90 Minuten Kochzeit die Kartoffeln zu dem Gulasch geben, weitere 15 Minuten köcheln lassen.

Zubereitungszeit

120 Minuten

Nährwertangaben pro Portion

346 kcal | Kohlenhydrate 32g | Eiweiß 28g | Fett 10g | BE 2,6

Gratinierte Champignons

Kleiner Aufwand – große Wirkung. Mit diesem Essen punkten Sie auch bei Freunden.

Zutaten für 4 Portionen

- 80g gekochter Schinken
- 40g Käse (45% Fett)
- 20g Tomatenwürfel
- 280g Champignons
- 8g Zwiebeln
- 8g Butter
- Salz
- Pfeffer

Zubereitung

Champignons putzen und die Stiele abschneiden. Die Stiele in kleine Würfel schneiden. Zwiebel schälen, kleinhacken und die benötigte Menge abwiegen. Schinken in kleine Würfel schneiden. Tomaten waschen, trocknen, benötigte Menge abwiegen und in kleine Stücke schneiden. Käse ebenfalls in kleine Würfel schneiden.

Butter in einer beschichteten Pfanne zerlassen, Zwiebeln und Champignon-Stiele dazu geben und kurz anbraten, bis die Zwiebeln glasig sind. Gekochten Schinken, Tomaten und Käse unterrühren. Die Masse auskühlen lassen.

Ausgekühlte Masse in die Champignon-Köpfe füllen und im Backofen ein paar Minuten unter den Grill stellen, bis der Käse zerläuft.

Zubereitungszeit

25 Minuten

Nährwertangaben pro Portion

93 kcal | Kohlenhydrate 1g | Eiweiß 8g | Fett 7g | BE 0

Meeresnudeln

Leichter Genuss für alle Muschelfans.

Zutaten für 4 Portionen

- 1kg Muscheln
- 200g Karotten
- 240g Nudeln
- 200g Sellerie
- 100g Lauch
- 2 TL Butter
- 2 TL Olivenöl

Zubereitung

Muscheln putzen und waschen. Sellerie putzen, waschen, trocknen und in kleine Würfel schneiden. Karotten schälen und ebenfalls in kleine Würfel schneiden. Die Nudeln in Wasser bissfest garen. Das dauert je nach Nudelsorte 8 bis 10 Minuten.

Die Muscheln aus den Schalen lösen.

Muscheln in eine Pfanne geben, erhitzen, das kleingeschnittene Gemüse und die gekochten Nudeln dazugeben. Butter und Olivenöl dazugeben.

Zubereitungszeit

30 Minuten

Nährwertangaben pro Portion

275 kcal | Kohlenhydrate 42g | Eiweiß 19g | Fett 6g | BE 3,5

Auberginen-Auflauf

Würzig, kann am nächsten Tag gut mit ins Büro genommen werden.

Zutaten für 4 Portionen

- 750g Auberginen
- 3 EL Olivenöl
- 1 Zwiebel
- 1 Knoblauchzehe
- 200g Mozzarella
- 400g Tomaten (aus der Dose)
- 20g Parmesan
- Salz
- Pfeffer
- Oregano
- Basilikum

Zubereitung

Backofen auf 200 Grad vorheizen. Ein Backblech mit Backpapier auslegen. Mozzarella in dünne Scheiben schneiden. Auberginen waschen und trocknen, den Stiel abschneiden und die Auberginen in daumendicke Scheiben schneiden.

Auberginen auf dem Backblech auslegen und von beiden Seiten grillen. Das dauert circa 6 Minuten. Die Auberginen sind gar, wenn sie leicht gebräunt sind. In der Zwischenzeit Knoblauch und Zwiebel schälen und hacken.

Öl in einer Pfanne erhitzen, Zwiebeln und Knoblauch anbraten – nicht zu dunkel werden lassen! Die Dosentomaten dazu geben, ebenso die Kräuter. Mit Salz und

Pfeffer würzen. Bei schwacher Hitze und ohne Deckel einköcheln lassen. Das dauert circa 8 Minuten.

Eine Auflaufform mit Öl auspinseln und als erste Schicht ein paar Löffel von der eingekochten Tomatensauce hineingeben. Dann eine Schicht Auberginen. Darauf Mozzarella und Parmesan. In dieser Reihenfolge weiterschichten. Die oberste Schicht sind Mozzarella-Scheiben und Parmesan.

Auflauf im Backofen 15 – 20 Minuten backen.

Zubereitungszeit

40 Minuten

Nährwertangaben pro Portion

290 kcal | Kohlenhydrate 8g | Eiweiß 16g | Fett 20g | BE 0,6

Vegetarische Rezepte

Obwohl bei der vegetarischen Ernährung Kohlenhydrate eine große Rolle spielen, ist sie durchaus auch für Diabetiker geeignet, denn es handelt sich meist um komplexe Kohlenhydrate, die langsam ins Blut abgegeben werden.

Für Diabetiker ist es auch sinnvoll, weniger tierische Fette und damit auch weniger gesättigte Fettsäuren zu sich zu nehmen. Das hat meist zur Folge, dass die Insulinresistenz geringer wird, was sich positiv auf die Erkrankung auswirkt.

Bei Diabetikern, die zusätzlich auch noch mit Übergewicht zu kämpfen haben, spricht ebenfalls viel für vegetarische Gerichte, denn diese sind in der Regel kalorienärmer und begünstigen somit das Abnehmen.

Noch dazu sind vegetarische Gerichte sehr lecker, davon können Sie sich beim Nachkochen unserer Rezepte überzeugen!

Brokkoli-Auflauf mit Tomatensauce

Würziger Auflauf, der besonders an kalten Tagen schmeckt.

Zutaten für 4 Portionen

- 250g Tomaten
- 1 Zwiebel
- ½ Zehe Knoblauch
- 1kg frischer Brokkoli
- 2 EL Wasser
- 3 Eier
- 250ml fettarme Milch
- 1 EL Gemüsebrühe
- 250g Schafskäse (fettarm)
- 1 EL Rapsöl
- Salz, Pfeffer

Für die Sauce:

- ½ Zwiebel
- ½ Knoblauchzehe
- 1 Dose Tomaten
- 1 Prise Zucker
- Salz
- Pfeffer
- Basilikum

Zubereitung

Brokkoli waschen und in mundgerechte Röschen zerteilen. Zwiebeln und Knoblauch schälen und fein hacken. Backofen auf 180 Grad (Umluft) vorheizen.

In einem Topf oder einer hohen Pfanne Öl erhitzen, darin Zwiebeln und Knoblauch kurz anbraten. Dann die Broccoli-Röschen und etwas Wasser (ungefähr 2 EL) dazugeben und kurz garen lassen. Vom Herd nehmen und beiseitestellen.

In der Zwischenzeit die Tomaten kleinschneiden. Dann die Milch und die Gemüsebrühe mit den Eiern verquirlen. Die Masse mit (wenig!) Salz und Pfeffer würzen.

Eine Auflaufform ausfetten, die Brokkoli-Röschen und die Tomaten darin auslegen und mit der Eiermilch übergießen. Zum Schluss den Schafskäse zerbröseln und über den Auflauf geben. Den Auflauf im Backofen für circa 20 Minuten backen.

In der Zwischenzeit können Sie die Tomatensauce zubereiten. Zuerst Zwiebeln und Knoblauch schälen und fein hacken. Olivenöl in einem hohen Topf erhitzen, die Zwiebeln und den Knoblauch darin leicht anbraten – achten Sie aber darauf, dass der Knoblauch nicht braun wird, sonst schmeckt er bitter.

Die Dosentomaten hinzugeben und mit Salz, Pfeffer und einer Prise Zucker würzen. Deckel auf den Topf geben und für circa 15 Minuten auf kleiner Hitze köcheln lassen.

Die Tomatensauce vor dem Servieren mit Basilikum Blättern garnieren und zusammen mit dem Auflauf auf den Tisch bringen.

Zubereitungszeit

40 Minuten

Nährwertangaben pro Portion

374 kcal | Kohlenhydrate 10g | Eiweiß 24g | Fett 27g | BE 1

Mediterranes Gemüsegratin

Leckerer Genuss, einfach zubereitet.

Zutaten für 4 Portionen

- 4 Tomaten
- 250g Zucchini
- 750g Kartoffeln
- 250g Mozzarella
- etwas Butter
- Basilikum
- Oregano
- Salz
- Pfeffer

Zubereitung

Die Kartoffeln schälen und garkochen. Das dauert circa 20 Minuten. In der Zwischenzeit Zucchini und Tomaten waschen und in dünne Scheiben schneiden. Den Mozzarella abtropfen lassen und ebenfalls in dünne Scheiben schneiden. Wenn die Kartoffeln gar und etwas ausgekühlt sind, schneiden Sie auch diese in dünne Scheiben.

Backofen auf 225 Grad vorheizen. Etwas Butter in eine Auflaufform geben. Die Gemüsescheiben in bunter Reihenfolge in der Auflaufform schichten. Mit Salz und Pfeffer würzen. Oregano und Basilikum nach Geschmack darüber streuen.

Auflauf im Backofen ungefähr 20 Minuten backen.

Dann kurz herausnehmen und die dünnen Mozzarella-Scheiben auf den Auflauf legen. Nochmal für 3-4 Minuten in den Backofen stellen, bis der Käse zerlaufen ist.

Zubereitungszeit

60 Minuten

Nährwertangaben pro Portion

318 kcal | Kohlenhydrate 32g | Eiweiß 18g | Fett 12g | BE 2,7

Cremige Sellerie-Kartoffelsuppe

Für alle Sellerie-Fans.

Zutaten für 4 Portionen

- 2 Kartoffeln (mittelgroß)
- 2 Zwiebeln
- ½ Knollensellerie
- 750ml Gemüsebrühe
- 100ml Sahne
- 3 EL Öl
- Salz
- Pfeffer
- Muskat

Zubereitung

Die Sellerieknolle putzen, waschen und schneiden (Die Stücke müssen nicht ganz klein geschnitten werden, das Gemüse wird später püriert). Die Zwiebel schälen und in grobe Stücke schneiden. Kartoffeln schälen und in kleine Stücke schneiden oder alternativ grob raspeln.

Öl in einen Topf geben und auf mittlerer Hitze die Zwiebel gemeinsam mit dem Sellerie andünsten. Wenn die Zwiebeln glasig sind, die Kartoffeln dazugeben und das Ganze mit der Brühe aufgießen.

Im geschlossenen Topf auf kleiner Flamme ungefähr 20 Minuten köcheln lassen.

Die Suppe mit dem Pürierstab pürieren, mit Salz, Pfeffer und Muskat nach Geschmack würzen. Zum Schluss die Sahne unterheben und servieren.

Zubereitungszeit

40 Minuten

Nährwertangaben pro Portion

220 kcal | Kohlenhydrate 13g | Eiweiß 4g | Fett 16g | BE 1,1

Ofenkartoffel mit pikanter Füllung

Wärmt an kalten Wintertagen.

Zutaten für 4 Portionen

- 4 Fleischtomaten
- 2 EL Rapskernöl
- 2 Knoblauchzehen
- 1200g Kartoffeln
- 2 – 3 EL Basilikum (fein gehackt)
- 100g Käse (kräftiger Geschmack)
- Salz
- Pfeffer

Zubereitung

Kartoffeln mit der Schale kochen. Das dauert je nach Größe circa 25 Minuten. In der Zwischenzeit die Tomaten in eine Schüssel geben und mit kochendem Wasser überbrühen. Kurz abkühlen lassen und dann die Haut abziehen. Die abgezogenen Tomaten in Würfel schneiden.

Knoblauch schälen und klein hacken. Alternativ eine Knoblauchpresse benutzen. Wenn die Kartoffeln gar sind, werden sie gepellt und dann halbiert. Mit einem Löffel die Kartoffelhälften etwas aushöhlen.

Backofen auf 200 Grad vorheizen.

Die ausgehöhlte Kartoffelmasse in einer Schüssel zerdrücken, mit Tomaten, Knoblauch, Öl und Basilikum vermischen. Danach pfeffern und salzen.

Die Füllung wieder in die Kartoffelhälften geben. Kartoffelhälften in eine Auflaufform geben und mit dem Käse bedecken.

Im Backofen einige Minuten überbacken, bis der Käse zerläuft.

Zubereitungszeit

45 Minuten

Nährwertangaben pro Portion

390 kcal | Kohlenhydrate 49g | Eiweiß 13g | Fett 15g | BE 4,1

Risotto mit zweierlei Spargel

Leckeres Frühlingsessen für Spargelfans.

Zutaten für 4 Portionen

- 375g Risotto-Reis
- 2 Zwiebeln
- 250g grüner Spargel
- 250g weißer Spargel
- 4 EL Kernöl
- 750 ml Gemüsebrühe
- ½ Knoblauchzehe
- 125ml Weißwein
- 40g Parmesan
- Salz
- Pfeffer

Zubereitung

Spargel schälen und waschen. Beim Schälen nicht zu sparsam sein, holzige Endstücke komplett entfernen und lieber etwas mehr schälen, als später faserige, harte Spargelschalen auf dem Teller zu haben. Spargel in mundgerechte Stücke schneiden. Knoblauch und Zwiebel schälen und fein hacken.

Öl in einen Topf geben, erhitzen, Zwiebeln und Knoblauch darin andünsten. Die Zwiebeln sollten glasig sein, der Knoblauch darf nicht dunkel werden, dann schmeckt er bitter. Den Reis dazugeben und kräftig rühren, bis die Reiskörner glasig werden. Aufpassen, dass die Masse nicht anbrennt.

Wein und Gemüsebrühe dazugeben und das Risotto auf niedriger Stufe weiter köcheln lassen, bis die Flüssigkeit eingezogen ist. Dabei häufig umrühren. Sollte der Reis noch nicht gar sein, wenn die Flüssigkeit aufgesogen ist, etwas Gemüsebrühe oder Wasser nachgießen.

Kurz vor Ende der Garzeit des Risottos etwas Öl in eine Pfanne geben und die Spargelstücke darin kurz anbraten. Spargel zu dem Risotto geben und dann anrichten. Geriebenen Parmesan erst kurz vor dem Servieren über das Risotto streuen.

Nährwertangaben pro Portion

488 kcal | Kohlenhydrate 78g | Eiweiß 13g | Fett 13g | BE 6,5

Fruchtiger Chinakohlsalat

Schneller, fruchtiger Salat mit Orangen.

Zutaten für 2 Portionen

- 100g Apfelsine
- 100g Apfel
- 200g Chinakohl
- 2 EL Joghurt (1,5% Fett)
- 4 TL Mayonnaise
- Senf (mittelscharf)
- Salz
- Pfeffer
- Paprika (süß)

Zubereitung

Chinakohl putzen, waschen, gut abtropfen lassen und in mundgerechte Streifen schneiden. Apfelsine schälen, in Schnitze teilen. Die Schnitze können Sie nach Belieben noch klein schneiden. Den Apfel entkernen und in mundgerechte Stücke schneiden. Alles gemeinsam in eine große Schüssel geben.

Dressing zubereiten. Dazu Joghurt, Mayonnaise und Gewürze gut verrühren. Dressing über den Salat geben, durchheben und eventuell nachwürzen.

Zubereitungszeit

15 Minuten

Nährwertangaben pro Portion

145 kcal | Kohlenhydrate 13g | Eiweiß 2g | Fett 9g | BE 1

Herbstlicher Feldsalat

Feldsalat harmoniert sehr gut mit Champignons und Walnüssen.

Zutaten für 4 Portionen

- 20g Walnüsse
- 100g Champignons
- 100g Feldsalat
- 2 TL Walnussöl
- Salz
- Pfeffer
- Essig nach Geschmack

Zubereitung

Feldsalat putzen, waschen, trockenschleudern und die Stiele abschneiden. Die Champignons putzen. Dabei möglichst nicht waschen, sondern einen Pinsel oder eine Bürste benutzen.

Champignons in dünne Scheiben schneiden. Die Walnüsse kleinhacken. Dressing aus Öl, Essig, Salz und Pfeffer herstellen.

Den Salat erst kurz vor dem Servieren mit dem Dressing vermischen.

Zubereitungszeit

15 Minuten

Nährwertangaben pro Portion

125 kcal | Kohlenhydrate 2g | Eiweiß 4g | Fett 11g | BE 0,2

Salat für alle Gelegenheiten

Dieser kalorienarme Salat ist schnell zubereitet.

Zutaten für 2 Portionen

- 30g Champignons
- ½ Salatgurke
- 100g Eisbergsalat
- ½ Zwiebel
- 1 Möhre
- 1 TL Olivenöl
- Essig
- Senf
- Salz
- Pfeffer
- Kräuter nach Geschmack

Zubereitung

Eisbergsalat putzen, waschen, gut abtropfen lassen und in mundgerechte Stücke schneiden. Möhre schälen und raspeln. Champignons gut abbürsten und in dünne Scheiben schneiden. Salatgurke waschen, abtrocknen und in Scheiben schneiden oder hobeln. Zwiebel schälen und klein hacken.

Dressing aus Öl, Essig, Salz und Pfeffer herstellen. Nach Belieben Kräuter wie zum Beispiel Dill oder Petersilie dazugeben.

Den Salat und das Dressing erst kurz vor dem Servieren mischen.

Zubereitungszeit

20 Minuten

Nährwertangaben pro Portion

80 kcal | Kohlenhydrate 6g | Eiweiß 3g | Fett 5g | BE 0,5

Salat nach griechischer Art

Urlaubsfeeling zu Hause.

Zutaten für 1 Portion

- 60g Schafskäse
- 150g Tomaten
- 150g Gurke
- 1 Zwiebel (klein)
- 2 eingelegte Peperoni

- 5 Oliven
- 1 EL Olivenöl
- Salz
- Pfeffer
- Essig
- Oregano

Zubereitung

Gurken und Tomaten waschen, trocknen und mundgerecht zuschneiden. Zwiebel schälen und in feine Ringe schneiden. Käse in mundgerechte Würfel schneiden.

Dressing herstellen. Dazu Öl, Essig, Salz und Pfeffer gut verrühren. Gurken, Tomaten und Zwiebeln in eine Schüssel geben, das Dressing darüber träufeln. Käse zum Salat hinzufügen. Oregano darüber streuen.

Auf Teller anrichten, mit den Oliven und Peperoni garnieren.

Zubereitungszeit

15 Minuten

Nährwertangaben pro Portion

350 kcal | Kohlenhydrate 11g | Eiweiß 13g | Fett 28g | BE 1

Fruchtiger Rote Beete Salat

Gesunde Rohkost, die auch optisch etwas hermacht.

Zutaten für 2 Portionen

- 100g Eisbergsalat
- 150g Bio-Apfel (ungeschält)
- 150g Rote Beete (geschält)
- 2 EL Joghurt (1,5%)
- 3 TL Mayonnaise
- Salz
- Pfeffer
- Zitronensaft
- Süßstoff

Zubereitung

Eisbergsalat putzen, waschen, trocknen und in mundgerechte Streifen schneiden. Rote Beete und Apfel in kleine Würfel schneiden, miteinander vermischen und kurz ziehen lassen.

In der Zwischenzeit Dressing zubereiten. Dazu Joghurt, Mayonnaise, Zitronensaft Salz, Pfeffer und Süßstoff kräftig verrühren.

Eisbergsalat mit Roter Beete und Äpfeln auf die Teller geben und das Dressing darüber träufeln.

Zubereitungszeit

15 Minuten

Nährwertangaben pro Portion

125 kcal | Kohlenhydrate 13g | Eiweiß 2g | Fett 7g | BE 1

Vegetarische Bouillon

Wärmt, wenn es draußen eisig ist.

Zutaten für 1 Portion

- 10g Karotten
- 10g Lauch
- 10g Sellerie
- 200ml Gemüsebrühe
- Salz
- Pfeffer
- Petersilie

Zubereitung

Karotten schälen und kleinhacken. Sellerie putzen, waschen, trocken, dann ebenfalls klein hacken. Lauch putzen, waschen und in dünne Ringe schneiden.

Gemüsebrühe zum Kochen bringen, das fein geschnittene Gemüse dazugeben und ca. 10 bis 15 Minuten auf kleiner Flamme garkochen.

Suppe vor dem Servieren mit Petersilie bestreuen.

Zubereitungszeit

15 Minuten

Nährwertangaben pro Portion

10 kcal | Kohlenhydrate 1g | Eiweiß 1g | Fett 1g | BE 0

Pikanter Rosenkohl

Am besten mit frischem Rosenkohl zubereiten.

Zutaten für 4 Portionen

- 4 Knoblauchzehen
- 2 EL Olivenöl
- 1kg Rosenkohl
- 1 Prise Zucker
- 1 Prise Salz
- Cayennepfeffer
- 750ml Wasser

Zubereitung

Rosenkohl putzen und von welken Blättern befreien. Den Strunk kreuzweise mit dem Messer einritzen.

Wasser in einen ausreichend großen Topf zum Kochen bringen, Rosenkohl dazugeben. Deckel schließen, Hitze reduzieren und garen, bis der Rosenkohl bissfest ist. Das dauert circa 15 Minuten. In der Zwischenzeit Knoblauch schälen und fein hacken.

Fertigen Rosenkohl abgießen.

Eine Pfanne aufstellen, Knoblauch im heißen Öl leicht bräunen lassen, Rosenkohl dazugeben und mit den Gewürzen abschmecken.

Zubereitungszeit

30 Minuten

Nährwertangaben pro Portion

120 kcal | Kohlenhydrate 7g | Eiweiß 9g | Fett 6g | BE 0,5

Exotisches Gemüsecurry

Mit Kokosmilch und Basmatireis.

Zutaten für 4 Portionen

- 250g Basmatireis
- 50g Cashewkerne
- 2 Knoblauchzehen
- 2 Zwiebeln
- 800g gemischtes Gemüse (Möhren, Lauch, Zucchini etc.)
- 6 EL Rapsöl
- 200ml Kokosmilch
- 2 EL Sojasauce
- 2 TL Currypulver
- 1 TL Zucker
- 1 TL Koriander
- Salz
- Pfeffer

Zubereitung

Gemüse putzen, waschen, trocknen und in mundgerechte Bissen schneiden. Zwiebeln und Knoblauch schälen und sehr fein hacken. Den Reis nach Packungsanleitung garen und dann beiseitestellen. Eventuell bei 50 Grad im Backofen warmhalten.

Eine beschichtete Pfanne aufstellen, darin die Cashew-Kerne ohne Zugabe von Fett kurz braten, das verstärkt den Geschmack. Dann ebenfalls beiseitestellen.

In einer großen Pfanne das Öl erhitzen. Zuerst Zwiebeln und Knoblauch dazu geben, dann das restliche Gemüse. Temperatur niedriger stellen, die Gewürze dazugeben. Jetzt Kokosmilch und Sojasauce in die Pfanne geben und gar ziehen lassen.

Gemüse mit dem fertigen Reis servieren. Mit den gerösteten Nüssen bestreuen.

Zubereitungszeit

45 Minuten

Nährwertangaben pro Portion

485 kcal | Kohlenhydrate 58g | Eiweiß 11g | Fett 23g | BE 5

Pikanter Rettichsalat

Nicht nur für Bajuwaren.

Zutaten für 1 Portion

- 200g Rettich
- 200g Radieschen
- 25g Radieschensprossen
- 1 EL Weißweinessig
- 1 TL Olivenöl
- Salz
- Pfeffer
- 1 Scheibe Vollkornbrot

Zubereitung

Rettich und Radieschen waschen, trocknen und in mundgerechte Stücke schneiden. Den Rettich am besten in dünne Scheiben hobeln. Die Sprossen waschen.

Dressing herstellen. Dazu Essig, Öl, Pfeffer und Salz gut verrühren.

Dressing mit dem Gemüse vermischen und kurz durchziehen lassen. Mit dem Brot servieren.

Zubereitungszeit

15 Minuten

Nährwertangaben pro Portion

203 kcal | Kohlenhydrate 34g | Eiweiß 10g | Fett 3g | BE 3

Salat mit Zuckerschoten

Am besten lauwarm genießen.

Zutaten für 2 Portionen

- 1 Zucchini
- 1 Zwiebel
- 2 Karotten
- 250g Zuckerschoten
- 1 Kohlrabi
- 3 EL Essig

- 3 EL Wasser
- 2 EL Öl
- 50ml Orangensaft
- Salz
- Pfeffer
- 1 Prise Zucker

Zubereitung

Gemüse putzen, waschen und trocknen. Kohlrabi in dünne Stifte, Zucchini in kleine Würfel und Möhren in dünne Scheibchen schneiden. Zwiebel schälen und fein hacken.

Zwiebel in einer Pfanne in 1 EL Öl andünsten, das restliche Gemüse (außer der Zucchini) dazugeben und kurz mit braten. Etwas Wasser (circa 3 EL) dazu geben und bissfest garen.

Eine zweite Pfanne aufstellen, die gesalzenen Zucchini darin in 1 EL Öl anbraten. Den Inhalt der ersten Pfanne zu den Zucchini geben, den verbleibenden Gemüsesud in eine Schüssel geben. Den Sud mit Essig, Orangensaft, Salz, Pfeffer und Zucker gut verrühren.

Das Dressing über das gebratene Gemüse geben und kurz durchziehen lassen.

Zubereitungszeit

30 Minuten

Nährwertangaben pro Portion

341 kcal | Kohlenhydrate 42g | Eiweiß 24g | Fett 16g | BE 3,5

Haftungsausschluss

Der Inhalt dieses Buches wurde mit größter Sorgfalt erstellt und überprüft. Für die Vollständigkeit, Aktualität und Richtigkeit der Inhalte kann jedoch keine Garantie oder Gewähr übernommen werden. Der Inhalt dieses Buches repräsentiert die persönlichen Erfahrungen und Meinungen des Autors und dient nur dem Unterhaltungszweck. Der Inhalt darf nicht mit medizinischer Hilfe verwechselt werden. Es wird keine juristische Verantwortung für Schäden übernommen, die durch kontraproduktive Ausübung oder Fehler des Anwenders entstehen. Es kann auch keine Garantie für Erfolg übernommen werden. Der Autor übernimmt daher keine Verantwortung für das Nicht-Erreichen der im Buch beschriebenen Ziele.

Es können Links zu anderen Webseiten im Buch vorhanden sein. Es besteht kein Einfluss auf die Inhalte dieser Webseiten, daher kann für diese Inhalte keine Gewähr übernommen werden. Die Webseiten wurden zum Zeitpunkt der Verlinkung auf mögliche Rechtsverstöße überprüft. Für die Inhalte der verlinkten Webseiten ist der jeweilige Anbieter bzw. Betreiber verantwortlich. Zum Zeitpunkt der Verlinkung konnten keine rechtswidrigen Inhalte festgestellt werden.